白地图

BAIDITU

白煦 著

文物出版社

封面设计　周小玮
责任编辑　赵　磊
摄　　影　宋　朝
责任印制　张　丽

图书在版编目（CIP）数据

百滴图 ／ 白煦著．—北京：文物出版社，2014.7
ISBN 978-7-5010-3995-1

Ⅰ．①百… Ⅱ．①白… Ⅲ．①文化用品－收藏－中国
Ⅳ．①G894

中国版本图书馆CIP数据核字（2014）第075594号

百滴图

著　　者　白　煦
出版发行　文物出版社
地　　址　北京市东直门内北小街2号楼
邮　　编　100007
网　　址　http://www.wenwu.com
电子邮箱　E-mail:web@wenwu.com

制　　版　北京文博利奥印刷有限公司

印　　刷　文物出版社印刷厂

经　　销　新华书店

开　　本　787×1092　1/16

印　　张　5

版　　次　2014年7月第1版第1次印刷

书　　号　ISBN 978-7-5010-3995-1

定　　价　58.00元

宋人赵希鹄在《洞天清录集》中注："晨起则磨墨，汁盈砚池，以供一日之用，墨尽复磨，故有水盂。"由此可知水盂乃盛储磨墨之用水的盛水器。水盂，又称水承，"承"有辅佐之义，水丞意为书写时的一种辅助工具。盂，本是商周时期的一种青铜盛器，圆形敞口，腹不甚深。清人段玉裁认为，盂乃"饮器也"，即贮水盛水之器物。考古资料显示，汉墓中常见有一组小型器具出土，包括小型的盂、盘口壶、条形石砚板、圆钮方形石碾和墨丸。从器物形状与组合状态来判断，这显然为文房之器物。盂则多为施釉的陶瓷器，而条形砚板通常为青黑石质，这类组合偶尔有铜质和银质的。考古资料表明，水盂的产生年代应不晚于汉代。

水滴（砚滴）与水盂同为往砚台中注水的器具，功能相同而器形各异。从器形上来说，通常将有流的叫"水滴"或"水注"，无流、敞口的叫"水盂"或"水丞"。《饮流斋说瓷》中云："凡作物形而贮水不多则名曰滴。"砚滴的产生较水盂要晚些，它是为了解决水盂口大往砚台注水时不易控制流量而产生的。有的学者则认为，这类用于文房的砚滴是日常生活中所使用水注的改造缩小版。因为这两种文房器具的使用功能相同，所以人们常常将这两种不同形状的器具混为一谈。

从出土和传世的实物来看，早期的水盂砚滴多为陶瓷质地，或鼓腹似罐，或为动物仿生形状，如熊、羊、鱼、蛙等等，釉色以青色褐色为主。偶有铜质鎏金的，异常精美。这类器形和工艺造形多见于六朝以前。唐宋时期，水盂砚滴的生产量开始加大，全国各地的窑口如越窑、铜官窑、耀州窑、官窑、钧窑、定窑、哥窑、龙泉窑等等，都有烧制。釉色由原来的青色褐色发展为蓝、绿、青、白、褐、黄、黑、三彩多种颜色，品种多，产量大，从市场的需求中可窥见当时人文之盛。

明清两代瓷业高度发达，文化昌盛，艺术繁荣，水盂砚滴的品种更是争奇斗艳。在唐宋元时期的原色刻花印花基础上，青花是创烧的品种。继青花之后，如釉里红、五彩、斗彩、粉彩及描金，各类釉色如雨后春笋，纷纷涌现。图案包括了人物、动物、山水、花鸟、虫鱼及诗文警句。材质也由原来以陶瓷为主，以金属材料为辅的单调局面，发展到紫砂、晶玉、玛瑙、竹木、牙角及掐丝珐琅。无论是从材质、工艺、图案、器形诸方面，可谓包罗万象，琳琅满目，美不胜收。水盂砚滴发展到明清，有一个现象颇值得关注，即砚滴生产数量相对减少，其图案与造型渐趋俚俗化、民间化，而水盂则大行其道，并逐渐走向文人士大夫化。

水盂是古代文人雅士书房中必备之物。古人云："笔砚精良，人生一乐。"水盂砚滴虽大不盈握，盛水也不过几勺，却有积水成渊之雅趣与典故。除了其实用功能外，还是文人雅士追求悠闲雅趣生活的一种表征，构成修身养性、娱人愉己的一种雅境。正所谓"一洗人间氛垢矣，清心乐志"；"几案之珍得以赏心悦目"。尽管传统的文房四宝为笔墨纸砚，然而，水盂在文房中的作用则不可小觑！

海上知名水盂藏家陈玉堂先生就曾为水盂鸣不平，他认为将水盂排除在文房四宝之外实欠公允。陈先生有论：“砚为石，可炼金银，故为‘金’，纸以草木为原料，可属‘木’，墨乃松烟熏制而成，属于‘火’，笔之毫来自羊兔鼠狼，此畜皆以土安其身，故可属‘土’，唯‘四宝’缺‘水’，若以盂为‘水’，岂不金木水火土五行俱全？”陈先生所言颇有道理。

自北宋以来，鉴赏收藏已成为文人士大夫阶层生活的一部分。明清以降，收藏之热也渐渐走向专题化，或青铜，或陶瓷，或金石碑帖，或书画文玩，分门别类，异彩纷呈。

白煦先生乃当代书坛名宿，人品儒雅，著述挥翰之余，尤喜鉴赏收藏。所见其藏书画、陶瓷、石雕铭刻，藏品累累，不胜列举。近年来白煦先生喜集文房专题，尤为喜爱水盂砚滴，专心致志，月累年积，渐成规模。其中晋青釉鸡首注、唐巩义窑三彩盂、宋青白釉童子执卷注、宋青釉卧牛注、金元酱釉兔形注、明初釉里红双系小口盂、明绿釉蛙形注、明黄釉鸽形注、清哥窑水盂等，皆可谓珍品、精品矣。藏品年代上至汉晋，下至明清、当代，材质包括竹木牙角、晶玉瓷铜，各地窑口、多种釉色及造型一应俱全，无论是种类、造型，还是材质、釉色，艳称集大成者不为过也。

白煦先生将多年所藏水盂砚滴精品，集结出版，嘉惠士林，独乐乐不如众乐乐，乃君子之风也。应白先生之雅命，谨作序。

壬辰端午于鉴印山房　少孺

目录

百滴图

形态各异的水滴

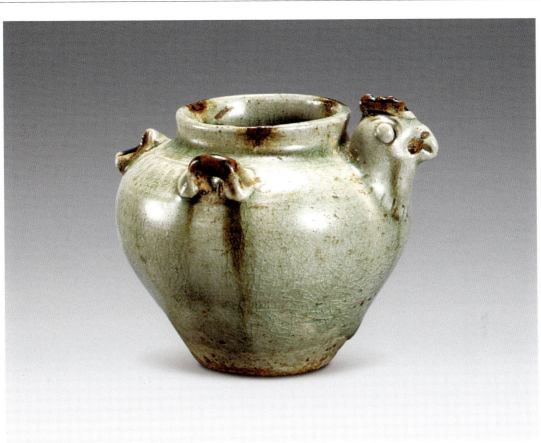

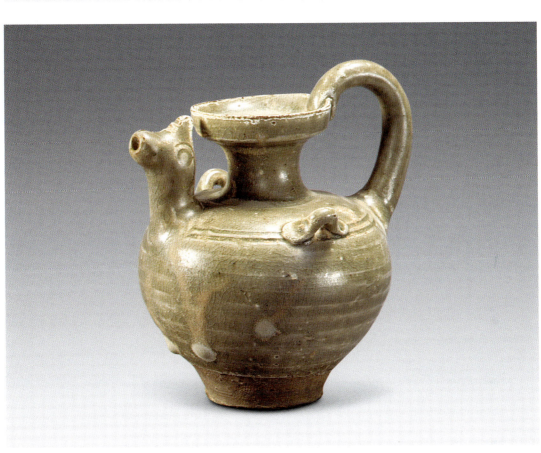

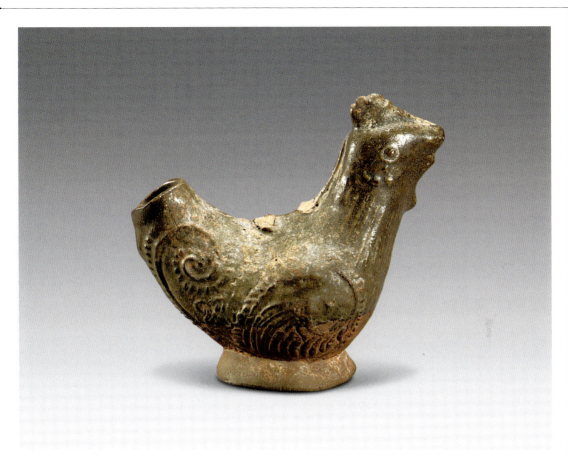

百

滴

图

10

百

滴

图

14

百
滴
图

16

百

滴

图

23

百

滴

图

38

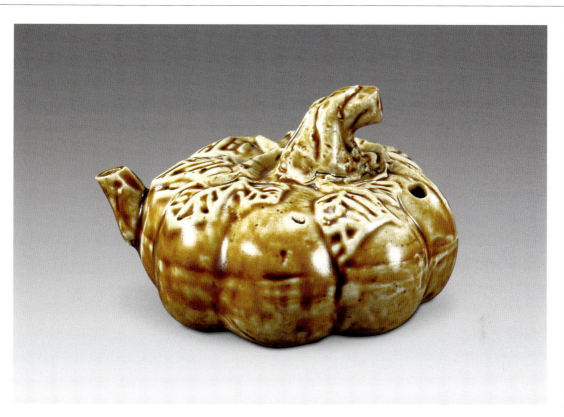

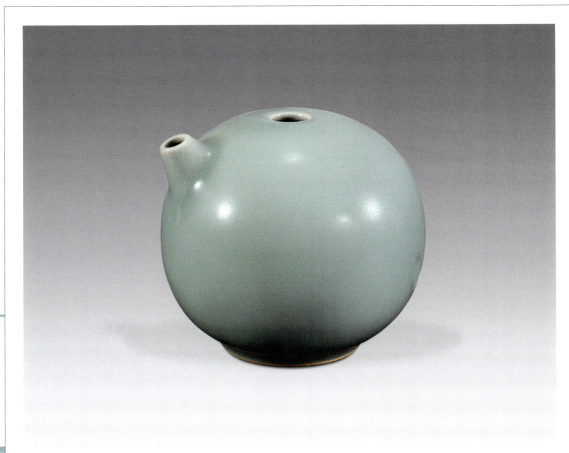

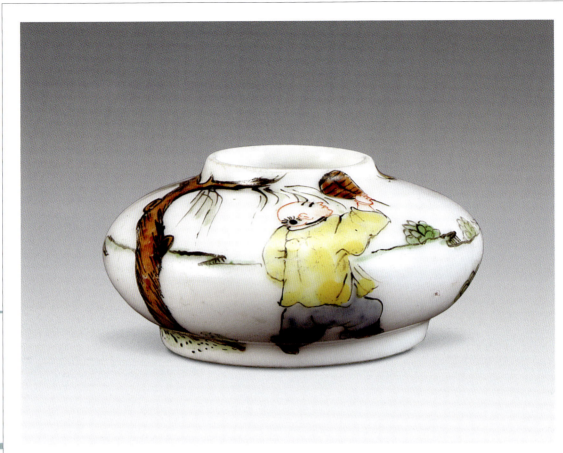

说明：本文摘录自平常收藏、学习时做的笔记。因篇幅有限，摘录侧重其中资料性较强的部分，也有部分推想的内容，以及思考而不得解的地方。为使阅读更直观，出版时配了部分插图。

▶ "水注：文具，用以注水于砚。有嘴的叫水注，无嘴的叫水丞。古称酒壶为注子，水注之名本此。"（《辞源》）该条目下又引宋龙大渊《古玉图谱》七一文房部中"汉古玉卧瓜水注"作插图。

《古玉图谱》从内容看是宋代有关玉器的专著，记录南宋高宗时期（1127~1163）宫中所藏玉器。所记古代玉器既有礼器，也有日常生活用品。绘图数百幅，测使用，定年代，附考释。内容共分九部分，文房部分包括砚、水丞、书镇、如意等。《古玉图谱》署名宋龙大渊编，原序自称编于宋淳熙三年三月。有研究者称《宋史·艺文志》及诸家著录皆未曾记载此书。有人见过彩印本，据相关收藏印章，推测彩绘本形成年代在清乾隆前。乾隆朝后始有多种刊本。100册刊本的文房部在67-76册。《古玉图谱》争议较多，作者是否为宋人龙大渊莫衷一是，或疑其为伪书，或说是宋人所著。《四库全书总目提要》认为此书"必后人假托也"。

汉 古玉卧瓜水注

▶ "水丞：文具。贮砚水的小盂。亦名水中丞。"（《辞源》）

"水中丞：文具名。用玉石或陶瓷制成、以贮砚水旳水盂。宋林洪《文房图赞》称水盂为水中丞。"（《辞源》）

宋人林洪在《文房图赞》中罗列了各种文房用品，并依照韩愈在《毛颖传》中给文房四宝赐姓名和官衔的做法给文房清玩赐以姓名和官衔。如水中丞是水盂的官衔，姓水，名潜，字仲含，号玉蛴老翁；镇尺叫边都护，名镇，字叔重，号如石静君。

韩愈《毛颖传》历代传颂。其在文中将毛笔当作人来为之立传，考察毛笔的产生、演变，附在一个虚构的人物"毛颖"身上。寓庄于谐，堪称奇文。节录共享：

"毛颖者，中山人也。其先明际，佐禹治东方土，养万物有功，因封于卯地，死为十二神。尝曰：'吾子孙神明之后，不可与物同，当吐而生。'……秦始皇时，蒙将军恬攻伐楚，次中山，将大猎以惧楚。……筮者贺曰：'今日之获，不角不牙，衣褐之徒，缺口而长须，八窍而趺居，独取其髦，简牍是资。天下其同书，秦其遂兼诸侯乎！'遂猎，围毛氏之族，拔其豪，载颖而归，献俘于章台宫，聚其族而加束缚焉。秦皇帝使恬赐之汤沐，而封诸管城，号曰管城子……颖为人，强记而便敏，自结绳之后以及秦事，无不纂录。……自秦始皇帝及太子扶苏、胡亥、丞相李斯、中车府令高，下及国人，无不爱重。又善随人意，正直、邪曲、巧拙，一随其人。虽后见废弃，终默不洩。惟不喜武士，然见请，亦时往。累拜中书令，与上益狎，上尝呼为中书君。上亲决事，以衡石自程，虽宫人不得立左右，独颖与执烛者常侍，上休乃罢。颖与绛人陈玄、弘农陶泓，及会稽褚先生友善，相推致，其出处必偕。上召颖，三人者不待诏，辄俱往，上未尝怪焉。后因进见，上将有任使，拂试之，因免冠谢。上见其发秃，又所模画不能称上意。上嘻笑曰：'中书君老而秃，不任吾用。吾尝谓君中书，而今不中书邪？'对曰：'臣所谓尽心者。'因不复召，归封邑，终于管城。其子孙甚多，散处中国夷狄，皆冒管城，惟居中山者，能继父祖业。……"

▶ 晋葛洪《西京杂记》卷六载："晋灵公冢甚瑰壮，……其物器皆朽烂不可别，唯玉蟾蜍一枚，大如拳，腹空容五合水，光润如新玉，取以盛书滴。"

宋赵希鹄《洞天清录》《水滴辨》："古人无水滴，晨起，则磨墨汁盈砚池，以供一日用，墨尽复磨，故有水盂。"

▶ 水丞、水注、水滴的定义可简括为：

贮砚水的无嘴的小盂为水丞；

贮砚水的有嘴的小盂为水注；

贮砚水的有小孔、可滴水的小盂为水滴。

▶ 《西京杂记》记录西汉杂史，内容有的荒诞不经，被认为有可能是东晋葛洪杜撰，有些确可能是从当时所存典籍中摘取的。故晋灵公（前620年—前607年在位）冢中出蟾蜍水滴事在有无间。

《西京杂记》作者是谁有争议，大体不出西汉末刘歆（约前50一23）、东晋葛洪（约283—343）。唐朝人没考证出作者，《隋书·经籍志》也就未著撰者；清朝《四库全书总目》兼题刘歆、葛洪姓名；当代也没有定论。《西京杂记》若为刘歆所著，则从文献角度看，西汉末期已有"水滴"之名；若为葛洪所著，东晋时已有"水滴"之名。赵希鹄所谓"古人无水滴"之"古人"若指先秦有可能正确；若指西汉末乃至东晋则可能有误。

赵希鹄《洞天清录》行文往往以"今人"如何比对"古人"如何，以论说文物的流变。所说"古人"或"古"指什么时期？摘录部分原文以分析。

"古钟鼎彝器辨"一章："道州民于春陵冢得古镜，背上作菱花四朵，极精巧，其镜面背皆用水银，即今所谓磨镜药也。……此乃西汉时物，入土千年，其质并未变，信知古铜器有青绿剥蚀者，非三代时物无此也。"

这里"古"不仅指"三代"，距宋千年的西汉即算"古"。

"水滴辨"一章："余尝见长沙同官有小铜器，形如桶，可容今一合，号右军研水盂。其底内有'永和'字。此必晋人贮水以添研池者也。古人无水滴，晨起，则磨墨汁盈砚池，以供一日用，墨尽复磨，故有水盂。"

又"古翰墨真迹辨"一章："王氏所藏右军《建安帖》真迹今在长沙士夫家，……其'建安灵柩'字提起别作一行，盖古人简帖写至他人事……"

从以上两则看，这里"古人"包括晋人。

"古画辨"一章："古人远矣。曹不兴、吴道子近世人耳。……是故论画当以目见者为准，若远指古人，曰此顾也，此陆也，不独欺人，实自欺耳。"

顾恺之，东晋人；陆探微，南朝刘宋人（五世纪中后期）；吴道子，唐朝人；此处曹不兴（三国人）显为笔误，很可能为北齐曹仲达（六世纪后期）（"曹衣出水"、"吴带当风"总并称）。此处"古人"指东晋并下延至东晋后的第一个王朝——南朝刘宋政权时期。

可见，赵希鹄所谓"古人无水滴"之"古人"包括三代、西汉至晋及南朝刘宋时期。

从文献角度看，《西京杂记》若为刘歆所著，则西汉末期已有"水滴"之名；若为葛洪所著，东晋时也已有"水滴"之名。赵希鹄所说"古人"时间下沿既然包括了西汉乃至东晋及至南朝刘宋，则其说至少从字面上看可能有误。

从考古看，不论彼时有无水滴之名，说东晋无水滴之实无

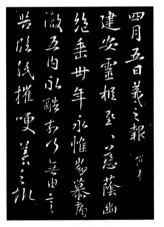

《建安帖》拓本

百
滴
图

62

疑有误。近年，常出土三国、两晋时期青瓷蛙盂、兔盂——一种水注类器物，这类造型的盂滴晋时已很普遍。《西京杂记》若是东晋葛洪杜撰，也正体现着杜撰者所处年代器物的工艺风格与时代特色。所谓"玉蟾蜍一枚，大如拳，腹空容五合水"状的水滴，在东晋时是常见物。《西京杂记》若是东晋葛洪杜撰，恰恰反映出东晋时的水滴品状，杜撰时只须把青瓷换成玉的，毕竟晋灵公时还没有青瓷，王侯用玉制品也算合拍。

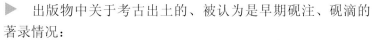

青铜兽形砚滴

▶ 出版物中关于考古出土的、被认为是早期砚注、砚滴的著录情况：

文物出版社1978年出版《广西出土文物》中收有一"青铜兽形砚滴"。1978年昭平县乐群出土。书中标注时间为东汉。高8.7厘米，长13.8厘米，宽8.1厘米。四足蹲伏，体态肥大，嘴中含一圆盘，背上有一圆形短柱，柱中空。

《考古》1980年第3期载四川大邑出土"青铜龟蛇合体玄武形水注"。长12厘米，高6厘米。龟头前伸，嘴衔一耳杯，背上盘一只小蛇。龟背中央有一个圆形水柱，水柱与腹嘴相通。该物为出土的唯一一件青铜器。伴出铭文砖有东汉"建安元年（196）造作"铭文。同时出土瓷片，从质量看制瓷工艺已经相当成熟。

《华夏考古》1995年第2期载河南焦作出土"青铜兽形口衔耳杯砚滴"。龙头，有双角、双翼，双须曲卷，口衔耳杯，口与杯衔接处有一小孔与腹部相通，背上有柱，柱与腹相通。一起出土的窖藏铜器无铭文。据铜器形制与已知年代出土物比较，这批出土物下限在西汉晚期，最晚可到东汉，上限不超过西汉中期，并推断此砚滴绝非庶民所用。

《考古与文物》1997年第1期载河南偃师商城博物馆藏"青铜龟形水注"。1973年大口乡出土。器身龟形，龟背饰六角形几何纹，正中有一圆柱筒，可向腹中注水，龟头向前微伸，喉部有一孔。长14厘米，高5.5厘米；另藏一"青铜兽形水注"，状似狮，头前伸，张口露齿，双眼圆睁，口衔耳杯，背正中有一孔，可向腹内注水，上插圆环形盖，兽头及尾部各有一蟾蜍。长16厘米，通高10厘米。1974年南蔡庄乡出土。两器物均为平整土地时出土。从伴出汉砖及器物残片推断为汉代时物。

另，广西梧州出土过兔形砚滴；江苏扬州老虎墩东汉墓中出土过白玉飞熊砚滴。

从以上出土汉代器物情况看：一，出土时间早不过西汉

青铜兽形水注

晚期，绝大部分为东汉时期；二，地域分布广，包括河南、江苏、四川乃至广西；三，多为龟、兔、熊等动物造型，有的与水有关。造型古朴浑厚，生动粗犷。

三国西晋早期墓中常见青瓷水盂与黛砚同出。这时期青铜、玉器、陶器逐渐被瓷器取代。偶见出土这时期的青铜水注，其背上空气柱设计与河南焦作出土"青铜兽形口衔耳杯砚滴"非常接近。

考古出土常见三国、两晋时期的青瓷蛙盂、兔盂——一种水注类器物，西晋时使用已很普遍。其中，1974年江西省鄱阳县出土"青瓷兔形水盂"被认为是一件有西晋太康三年（282）绝对年代可考的文房珍品。另，浙江省博物馆藏的"青瓷兔盂"值得关注。该盂出土于浙江上虞帐子山窑址。兔作站立饮水状，背负管状盂口，前足捧一勺至口处，口有小孔可出水。"前足捧小勺"的造型与汉代出土的"天禄研匜""嘴衔耳杯"的造型一律，似处承前启后的地位。此后盂滴少见口衔耳杯或小勺的了。

三国 吴 青铜水注

西晋 青瓷兔形水盂

三国 青瓷兔盂

▶ 关于汉代"天禄研匜"的不同看法。

西晋初傅玄在《水龟铭》中写道："铸兹灵龟，体象自然。含出原水，有似清泉。润彼玄墨，染此弱翰。申情写意，经纬群言。"

傅玄（217-278），字休奕，北地郡泥阳（今陕西耀县）人，西晋初年的文学家、思想家。出身官宦家庭，祖父傅燮，曾任东汉汉阳太守；父亲傅干，曾任魏扶风太守。

傅玄《水龟铭》中所说"水龟"与现代考古出土的所谓汉代兽形铜砚滴从形象上看颇一致——"铸"显指青铜；"灵龟"形似出土之汉代龟形水滴；"润彼玄墨"应指供研墨用。

傅玄又有《砚赋》："採阴山之潜璞，简众材之攸宜。节方圆以定形，锻金铁而为池……"行文优美，内容考究，测其对文房用具颇有体察。

宋人高似孙在《纬略》卷五"辟邪研匜"中说："古铜水滴色如漆，状极精，古旧物也。头有两角，口衔匜。按孟康曰，桃枝一名符枝，似鹿，长尾一角者为天禄，两角者为辟邪。此为辟邪也。《沈文通集》有《天禄研匜诗》：'张君赠我古研滴，四脚爬沙角如戟。肉翼络髀老兽姿，世不能名眼未识。我知此为天禄儿，口衔一寸黄金匜。蟾蜍嚼月两吻坼，天鲸胸穴双泉飞。玉声琼琤珠迸落，影射岩石光瀺灂。未央书殿立鬃鬣，曾见扬雄老投阁。子孙晚出中平间，渴乌翻车洒平洛。宗资墓口卧露霜，头角顿挫仍腾攫。尔来拂拭傍几案，眉目睢盱苔藓剥。形模不入世俗用，疑付大手传糟粕。未能点缀清庙颂，开辟大易摘春秋。就令（缺五字）末势犹足为迁彪。物无贵贱系所用，千金乞我直暗投。图书散落愈□下，晚岁惟有虀盐谋。学注虫鱼问老圃，无乃塌飒为匜羞。'"

高文及所引沈文，对所见到的所谓古铜水滴的描述，和今天出土的所谓汉代铜砚注、滴，从形态上看极相配。

高似孙，字续古，号疏寮，浙江余姚人，淳熙进士，历官校书郎，出倅徽州，迁守处州。著述多。《四库提要》在《纬略》前加评："似孙尝辑经略、史略、子略、集略、骚略及此书，今惟子略、骚略与此书存。"并称赞其以"隐僻为博"。成书于嘉定癸未（1223）的四卷本《砚笺》，《四库提要》评价："宋志所录砚谱，今存者尚有四五家，大抵详于材产质性，而罕及其典故。似孙此书独晚出，得备采诸家之说。又其学本淹博，能旁征群籍以为之佐证，故叙述颇有可观。"

从高似孙《纬略》卷五"辟邪研匜"行文看，《沈文通集》的《天禄研匜诗》似是被高似孙引为依据的。高似孙学识深广，学本淹博，备采诸家，旁征群籍，却也只引了《沈文通集》《天禄研匜诗》这一个证据（当然还有"张君"，也是当作铜水滴看的）。细看沈文通的文字，先说的是"天禄儿"是什么，至于用于水滴，则是"尔来拂拭傍几案，眉目睢盱苔藓剥。形模不入世俗用，疑付大手传糟粕"。而从"物无贵贱系所用，千金乞我直暗投。图书散落愈□下，晚岁惟有虀盐谋。学注虫鱼问老圃，无乃塌飒为匜羞"看，更像是在借物咏怀，而不仅是考据古物流变。沈文通（包括高似孙）行文缺乏足够说服力以论说这些古物就是铜水滴。从沈文中的"世不能名眼未识"、"形模不入世俗用"，倒是可以看出当时人普遍的认知状况。

鬃鬣，指猛兽愤张样；宗资墓辟邪，东汉石雕，在河南南阳宗资墓前。共二只，膊上刻铭文，一曰"天禄"，一

65

曰"辟邪"，二兽又通称"辟邪"。宗资字叔都，南阳安众（今河南邓县）人，曾任汝南太守。石兽约制作于延熹九年（166）以后。体躯瘦长，作S形，有翼，头高举，腰耸胸张，后足退行，造型稳健慓悍又不失工致典雅，对南朝陵墓石刻有深刻影响。

宋赵希鹄在《洞天清录》中说："古人无水滴，晨起，则磨墨汁盈砚池，以供一日用，墨尽复磨，故有水盂。铜性猛烈，贮水久则有毒，多脆笔毫，又滴上有孔，受尘，水所以不清，故铜器不可用。金银锡者尤猥俗。今所见铜犀牛、天禄、蟾蜍之属，口衔小盂者，皆古人以之贮油点灯，今人误以为水滴耳。只堪作几案玩具。"

赵希鹄否定的是古人有水滴，同时否定"铜犀牛、天禄、蟾蜍之属"是水滴，但肯定古人有水盂。

（"不可用"不等于不用。文中"不可用"，意为建议不用，好比今天专家说微波炉有诸多弊端，建议不用，事实上用的很普遍。赵希鹄在《洞天清录》"水滴辨"一章自己就记载："余尝见长沙同官有小铜器，形如桐，可容今一合，号右军研水盂。其底内有'永和'字。此必晋人贮水以添研池也。"晋人用的贮水以添研池的器物也是铜做的。）

赵希鹄《洞天清录》考证辨析，探索源流，援引多，但多未注明出处。《四库全书总目》卷一百二十三"洞天清录一卷"条载："是书所论皆鉴别古器之事，……大抵洞悉源流，辨析精审。如谓刁斗乃行军炊具，今世所见古刁斗乃王莽威斗之类，为厌胜家所用。又谓今所见铜犀牛、天禄、蟾蜍之属，皆古人以贮油点灯，今人误以为水滴。其援引考证，类皆确凿，固赏鉴家之指南也。"

高似孙说"古铜水滴……状极精，古旧物也"；沈文通说"张君赠我古研滴"；赵希鹄说是"贮油点灯"用的，"今人误以为水滴耳"。不知"提要"过高似孙，又"提要"过赵希鹄的《提要》撰写人，如何看待两位宋朝人的分歧——是"古旧物"、"状极精"的古铜水滴？还是"贮油点灯"用具，"今人误以为水滴耳"？

西晋初傅玄有《水龟铭》；《西京杂记》若为葛洪所著，东晋时已有"水滴"之名。晋去东汉百余年，比宋人近得多，高之说似更可能接近事实。然而《四库提要》称赞赵希鹄《洞天清录》"大抵洞悉源流，辨析精审"，且专门提出"又谓今所见铜犀牛、天禄、蟾蜍之属，皆古人以贮油点灯，今人误以为水滴"，夸赞"其援引考证，类皆确凿，固赏鉴家之指南也"。

又，明屠隆《考槃余事》卷三"水注"条目中亦有"贮油点灯"说："但铜性猛烈，贮水久则有毒，多脆笔毫，又滴上有孔受尘，所以不清。今所见犀牛、天禄之类，口衔小盂者，皆古人注油点灯，非水滴也。"

《考槃余事》被认为抄录不少《遵生八笺》内容，但比较后发现，水滴一节之此一段为《遵生》所无，看来还是屠隆专门记入的。文震亨《长物志》也说："又有犀牛、天禄、龟、龙、天马口衔小盂者，皆古人注油点灯，非水滴也。"显然"贮油点灯"说在明代较盛行，体现出明朝人的一种普遍认识。

明人此说与赵希鹄《洞天清录》非常接近。明曹昭《格古要论》被公认为现存明代最早的一部论述名玩优劣、作伪手法和真伪鉴别的文物鉴赏专著，影响很大，被认为就承袭了宋代一些关于古物著录的书籍，如《洞天清录》，有一些条目相同或相似。但应当注意的是，屠隆《考槃余事》与赵希鹄《洞天清录》的相应章节文字虽然几乎完全相同，但仔细比较会发现两个容易被忽略的不同处：

一，屠隆只说"犀牛、天禄"，赵希鹄说的是"犀牛、天禄、蟾蜍"。可能屠隆见过晋代的蟾蜍水滴，其也并没有口衔小盂，所以抄时很认真地略去了。

二，更重要的是，赵希鹄《洞天清录》前面还有一段文字："古人无水滴，晨起，则磨墨汁盈砚池，以供一日用，墨尽复磨，故有水盂。"然后才是"铜性猛烈，贮水久则有毒，多脆笔毫，又滴上有孔，受尘，水所以不清，……今所见铜犀牛、天禄、蟾蜍之属，口衔小盂者，皆古人以之贮油点灯"。"古人无水滴……"一段文字为屠文所无。

从以上两个细节看，说屠隆不假思索的抄录很可能是不正确的。相反，这可能反映出屠隆的个人认识：他并不否定古人有水滴，只是认可赵希鹄"今所见犀牛、天禄之类，口衔小盂者，皆古人注油点灯，非水滴也"的说法。

也许是这样：高似孙说"古铜水滴……状极精，古旧物也"，沈文通说"张君赠我古研滴"，都错了，赵希鹄说是"贮油点灯"用的，"今人误以为水滴耳"，是正确的；但赵希鹄只对了一半，他前边说的"古人无水滴……"也错了，因为从文献和考古看，至少晋代是有水滴的。

屠隆是聪明的。

那又如何看待西晋初傅玄的《水龟铭》？推测傅玄文章也许是对东汉末年至西晋初年新兴起、发明、出现的铜铸水滴（造型沿用了"贮油点灯"用的灯具器物）很是赞叹，从而写

百

滴

图

67

下的一篇短文。

出土汉代灯具中确有不少"口中衔盘"的动物造型灯具。如1968年河北满城中山陵出土的西汉中期朱雀灯；1992年山东淄博出土的西汉早期鸟柄灯。从造型的这一点看，接近"天禄研匜"。也许早期铜砚滴造型灵感即来自于灯具类制品，而部分今天所见东汉后期铜质"天禄研匜"可能就是由早期灯具用品演变过来的、在东汉末年被赋予新功用的一项发明。在当时可能很时髦，很"有品"。与造型差不多的灯具用品并行于世，差别也不大。并且并非主流，有点异类。

西汉早期 鸟柄灯

有人讲水注可能来源于酒器的注子，滴注也有可能来源于灯具。

另，长沙市博物馆藏有一件1978年长沙窑出土的青釉褐绿彩鸡形水滴，高8厘米，口径3.2厘米。盂滴是盛磨墨用水的器物，需水量并不大。专家认为这件鸡形水滴体积偏大，很可能还是茶具。出土汉代"天禄研匜"如"青铜龟蛇合体玄武形水注"，长12厘米，高6厘米；"青铜龟形水注"，长14厘米，高5.5厘米；"青铜兽形水注"，长16厘米，通高10厘米。这些尚且是青铜做的。"天禄研匜"作为水滴似乎不仅大了点，也沉了些。

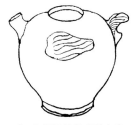

唐 青釉褐绿彩鸡形水滴

以上推论居多。存疑。

▶　新石器时代晚期，先民开始使用天然石墨和烧烤器物后的炭作颜料来装饰陶器。石墨和炭总要和进水才能用，所以那时可能就有了贮颜料水的原始的"小盂"。

现存甲骨文中有不少用黑墨和硃墨书写的文字，宋镇豪先生主编的《中国法书全集》第一卷中收录了很多实物图版。占卜是严肃的事情，书写时对墨的稀稠应是很讲究，否则在甲骨上很难写出那样精细的占卜文字。贮水的"小盂"应该是必备的物件。

由先秦到西汉，再到东汉，一切有助于提高书写质量、便捷度等的文房用品的改进工作从未停止。书写工具的几乎所有方面，在这期间都在大踏步向前发展。从这个角度看，研滴在后来的出现与改进，就有其必然性，同时不会早，也不会晚。

▶　不同类型砚盂的出现与发展，与笔墨纸砚的演进相关联，共同服务于具体的书写需要。砚滴的出现可能尤其与墨、纸及研墨方式的演进有关。

早期墨的演进分几个阶段：

先秦时墨多呈粉末状。《庄子·田子方篇》有"舐笔和墨"的记载（舐，用舌头舔东西）。乐浪彩箧冢考古曾发现墨粉。"舐笔和墨"时，显然需要注水以和墨的小盂。

西汉早期，如江陵凤凰山墓、广州象岗墓，曾出土过小颗粒、小圆片状墨，而更早的云梦睡虎地四号秦墓已出土有墨锭，山西浑源毕村西汉墓也出土过圆锥形的墨锭。东汉应劭《汉官仪》有载："尚书令、仆、丞、郎，月赐隃麋大墨一枚。"（尚书令，官名，始于秦，西汉沿置，本为少府的属官，掌文书及群臣的奏章，汉武帝时以宦官司担任，又改称中书谒者令和中谒者令，汉成帝时恢复尚书令名称，权势渐重，领导尚书）再次印证西汉时已有墨锭。从以上情况看，很可能由于墨锭的和胶制作工艺较烦难，所以在西汉及更早时，虽已制作出墨锭，但尚不普及，相反很是珍贵。如果是寻常物，东汉应劭应当不至于把"月赐隃麋大墨一枚"给"尚书令、仆、丞、郎"当作其所总结的两汉的一项典章制度列入《汉官仪》中。即使1974年宁夏固原出土的东汉时的松塔形墨，已是非常成熟、精良的墨锭，而河南陕县刘家渠东汉墓出土的墨锭却仍旧质地粗糙，全系用手捏成。可见各地制墨工艺发展到东汉时尚还不均衡。1969年江苏徐州出土过一件东汉中期鎏金镶嵌兽形砚盒，龙首，蛙身，带双翼，极其精巧、华贵，绝非平常人所能使用。盒内有石砚，尚还附有柱形研石，说明即使到了东汉中期，大家贵户用墨尚不一定是墨锭，尚须常佩研石以研磨墨粒。（也许墨锭当时正在逐渐普及开，盒内附的柱形研石是作为一种习惯性的搭配保留着，反映出曾经存在的某种研墨的做法、习惯，尚还具有一定的生命力，或被视为"正统"而存在。毕竟那种制作墨水的方法已延续了数百年，甚至更久。）

秦汉墓中与墨伴出的常有研磨器具，应能是当时的"标配"——对于不成形的尚无法在砚上研磨的墨粒，用研石碾压，这种研石称研子，或研杵。因汉代的小墨块体积薄小，要用研子压着才便于研出墨浆。显然研石碾压研出墨浆的过程离不开注水的小盂。今天人们习见的用墨块磨墨时加水的做法，大概是东汉以后随着墨锭制作的逐渐成熟，而渐渐兴起的。

无论是先秦墨呈粉末状时的"舐笔和墨"，还是两汉对普遍不成形的尚无法在砚上研磨的墨粒，须用研石碾压，以研出墨浆，还是东汉晚期墨锭逐渐普及后，逐渐在砚台中直接用墨锭磨墨，以上几种情况都需要加入砚水的器皿。无疑，砚盂不只是墨块研磨时才用到的文房用具。

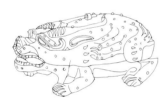

东汉中期 鎏金镶嵌兽形砚盒

▶ 联想到墨、纸的发展，以及出土的所谓汉代（尤其东汉晚期）砚滴情况，关于水滴的演进试做如下推想：

西汉及以前，大部分情况下墨尚不成形（不否认存在个别的墨锭），墨粒在碾压时，研石下的墨量总不会太少（肯定比墨块在砚台中研磨时下的墨量要多），所需注入的水量一定不少，且对调入的水量的精准要求相对也并不严格，加之毕竟制作一次还是比较麻烦的（相对于墨块在砚台中研磨），所以更为需要的并不是水滴类器物。说"古人无水滴，晨起，则磨墨汁盈砚池，以供一日用，墨尽复磨，故有水盂"，有其合理性。（这里不是否定个别水滴的存在。）

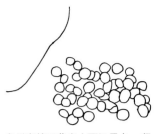

广州南越王墓出土西汉墨丸 径0.81—1.31厘米 厚0.23—0.42厘米

至于水滴的逐渐普及，可能和东汉墨锭制作工艺逐渐成熟，使用逐渐增多有关。墨块研磨时才会研下细微的墨量，从而需要相对更精准的、能够一次注入少量水的器物，并且使用墨块可以方便的、一次只研下供一次或一天使用的墨量即可，做到随用随研（固原出土松塔形墨的研磨面有些斜，推测使用过），这时水滴显然比水盂更能多角度地满足需要。

此外还有纸的因素。尽管甘肃居延出土的"肩水金关纸"可以证明西汉中期已有初期形态的纸出现，但东汉元兴元年（105）"蔡伦纸"出现后，纸才逐渐普及开来。纸对于墨中水分的敏感度，显然高于龟骨竹帛这些书写材质，从而对于研磨墨水时，注水器物是否能够精细控制水量，要求也就更高。

简单说，纸在东汉后期开始普及，相比龟甲竹帛，要求着更精细的注水器的出现；东汉后期，使用更便捷的墨块渐渐成熟与普及，同样相比之前不成形的墨粒，在研磨时要求更精细，更小型化，也更配套、方便的供水器物。所以水滴在东汉晚期使用的更普遍的可能性似乎更大。出土所谓铜水滴多为东汉制作，似可佐证东汉后期水滴开始逐渐普及这一推想。

出土证明某种东西在某个时期有使用的情况，不等于是普遍使用（作为"几案玩具"是可能存在的）。可能赵希鹄《洞天清录》中想强调的是，曾经长期存在过的，古人的一种在当时研磨墨汁的比较普遍的，带有习惯性、"正统性"的做法。强调的是，曾经存在过这么一个阶段、一种方式、一种习惯，而非对个别情况的否定。想说的是，以前人在很长一个阶段里，是这样制作墨水的。

▶ 宋赵希鹄《洞天清录》

"希鹄宗室子，宋史世系表列于燕王德昭房下，盖太祖之后，其始末则不可考。据书中有'嘉熙庚子自岭右回至宜春'

语，则家于袁州者也。"（《四库提要》）

《洞天清录》列举了当时流行的文房器物，分十门：古琴、古砚、古钟鼎彝器、怪石、砚屏、笔格、水滴、古翰墨笔迹、古画等。考证辨析，探索源流，援引多未注明出处。《四库全书》《洞天清录》"提要"说："是书所论皆鉴别古器之事，……大抵洞悉源流，辨析精审。如谓刁斗乃行军炊具，今世所见古刁斗乃王莽威斗之类，为厌胜家所用。又谓今所见铜犀牛、天禄、蟾蜍之属皆古人以贮油点灯，今人误以为水滴。其援引考证，类皆确凿，固赏鉴家之指南也。"

"水滴辨"一章节引如下：

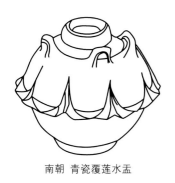

南朝 青瓷覆莲水盂

"余尝见长沙同官有小铜器，形如桶，可容今一合，号右军研水盂。其底内有'永和'字。此必晋人贮水以添研池者也。古人无水滴，晨起，则磨墨汁盈砚池，以供一日用，墨尽复磨，故有水盂。铜性猛烈，贮水久则有毒，多脆笔毫，又滴上有孔，受尘，水所以不清，故铜器不可用。金银锡者尤猥俗。今所见铜犀牛天禄蟾蜍之属，口衔小盂者，皆古人以之贮油点灯，今人误以为水滴耳。只堪作几案玩具。白玉或璀子玉，其色即白，若水稍有泥淀及尘汙，立见而换之，此物正堪作水滴，上加绿漆荷叶盖盖之，盖侧作小穴，以小杓柄嵌穴中，永无尘入，若当中作滴子，则尘必入。如无玉器，用古小瓷盂贮水亦佳。"

▶ 明曹昭《格古要论》

曹昭（元末明初人），字明仲，松江人。父曹真隐博雅好古，收藏大量法书、名画、彝鼎尊壶以及古琴、古砚。曹昭幼年随父鉴赏古物，悉心钻研，鉴定精辟。

《格古要论》成书于洪武二十一年（1388）。全书分三卷，共十三论。上卷为古铜器、古画、古墨迹、古碑法帖；中卷为古琴、古砚、珍奇、金铁；下卷为古窑器、古漆器、锦绮、异木、异石。后王佐增补，识见不及原著。《四库全书总目提要》只著录曹昭三卷本。《格古要论》是现存明代最早的一部论述名玩优劣、作伪手法和真伪鉴别的文物鉴赏专著，涉及工艺、产地、考据、鉴赏等，反映了明初的文玩收藏时尚，影响很大。曹昭在《格古要论》序中提到，"常见近世纨袴子弟，习清事古者亦有之，惜其心虽爱，而目未之识矣，因取古铜器、书法、异物，分其高下，辨其真赝，正其要略，书而成编，析门分类目之，曰《格古要论》，以示世之好事者"。《格古要论》承袭了宋代一些关于古物著录的书籍，如《洞天清录》，有一些条目相同或相似。《四库提要》评价《格古要论》："其于古今名玩器具真赝优劣之解，皆能剖析纤微。又谙悉典故，一切源流本末，无不厘然，故其书颇为赏鉴家所重。"宋以后博古收藏之风盛行，鉴定、辨伪逐渐成为一种学问。明初在前人的基础之上，开创了古物赏鉴的局面，此是曹昭《格古要论》产生的时代背景。

北宋 越窑刻荷花纹水盂

▶ 明高濂《遵生八笺》

高濂字深甫，号瑞南道人，钱塘人。明嘉靖、万历间在世，曾任职鸿胪寺。

《遵生八笺》分别从起居、季节、饮食、情志等方面，详细论述了养生之道，为后世帝王、文人所推崇。该书专供文人墨客闲适消遣，其中有关古器玩物之类的论述，是研究中国古代工艺美术史的重要资料。《遵生八笺》依次分为清修妙论、四时调摄、起居安乐、延年却病、燕闲清赏、饮馔服食、灵秘丹药、法外遐举八笺，共十九卷，含目录一卷，共二十卷。

其中卷六"燕闲清赏笺·中卷"论述文房器具，对水注、水中丞有专文记述，转引如下：

水注

"有玉为圆壶方壶者，其花纹甚工。又见吴中陆子冈制白玉辟邪，中空贮水，上嵌青绿石片，法古旧形，滑熟可爱。有玉蟾蜍注，拟宝晋斋旧式者。古铜有青绿天鸡壶，有金银片嵌天禄，妙甚。有半身鸬鹚杓，有鏒金雁壶，其类生无二，以两足立地，口中出水。有江铸眠牛，以牧童骑跨作注管。磁有官哥方圆水壶，有立瓜卧瓜壶，有双桃注，有双莲房注，有笔格内贮水两用者，有牧童卧牛者，有方者。定窑之注奇甚，有枝叶缠扰瓜壶，有蒂叶茄壶，有驼壶，又可格笔。有蟾注，有青东磁天鸡壶，底有一窍者。宣窑五采桃注、石榴注、双瓜注，采色类生，有双鸳注，有鹅注，工致精极，俱可入格。"

水中丞

"铜有古小尊罍，其制有敞口、圆腹、细足，高三寸许，墓中葬物，今用作水中丞者。余有古玉中丞，半受血浸，圆口瓮腹，下有三足，大如一拳，精美特甚，古人不知何用。近有陆琢玉水中丞，其碾兽面锦地，与古尊罍同，亦佳器也。磁有官哥瓮肚圆者，有钵盂小口式者，有瓜棱肚者。青东磁有菊瓣瓮肚圆足者，定有印花长样如瓶，但口敞可以贮水者，有圆肚束口三足者，有古龙泉窑瓮肚周身细花纹者，有宣铜雨雪沙金制法古铜瓿者，样式美甚。近有新烧均窑，俱法此式，奈不堪用。"

▶ 　明屠隆《考槃余事》

屠隆（1543-1605），明代文学家、戏曲家，字长卿，一字纬真，号赤水，浙江鄞县人。万历五年进士，曾任吏部主事、郎中等官职，后罢官回乡。屠隆是个怪才，好游历，有博学之名，尤其精通曲艺。

《考槃余事》《四库全书总目提要》列"子部·杂家类存目七"，属记录文房清玩之属的杂家、博物类。《考槃余事》通行本凡四卷，首卷介绍书版、碑帖，次卷品评纸、墨、笔、砚、画、琴等，末两卷记载和收录香、茶、炉、瓶及起居、盆玩、文房等一切器用服饰之类。该书对考察传统造物艺术，尤其是晚明文人士大夫造物及审美意识有重要参考价值。

有人考证认为，《考槃余事》与《遵生八笺》基本相同者六七成，是否抄袭学者自辨。

该书卷三有"水中丞""水注"条，转引如下：

水中丞

"玉者，有陆子冈制，其碾兽面锦地，与古尊罍同，亦佳器也。有古玉如中丞，半受血侵元口瓮，腹下有三足，大如一拳，精美特甚，乃殉葬之物，古人不知何用，今作中丞，极佳。铜者，有宣铜雨雪沙金，制法古铜瓿（注：小瓮）者，样式甚美；有古铜小尊罍，敞口、元腹、细足，高三寸许，以作中丞，特佳。陶者，有官、哥瓷肚元式；有钵盂小口式者；有仪稜杜者；有青东磁菊瓣瓷肚元足者；有定窑印花长样如瓶，但口敞可以贮水者；有元肚、束口、三足者；有龙泉瓷肚，周身细花纹。近用新烧均窑，俱法此式，奈不堪用。"

水注

"玉者，有圆壶、方壶。有陆子冈制白玉辟邪，中空贮水，上嵌青绿石片，法古蕉形，滑熟可爱。有蟾蜍注，拟宝晋斋旧式，亦佳。铜者，有古青绿天鸡壶，有金银片嵌大鹿，妙甚。有半身鸬鹚杓，有鎏金雁壶，有江铸眠牛，以牧童骑跨作注管者，亦佳。但铜性猛烈，贮水久则有毒，多脆笔毫，又滴上有孔受尘，所以不清。今所见犀牛、天禄之类，口衔小盂者，皆古人注油点灯，非水滴也。陶者，有官、哥方圆壶，有立瓜、卧瓜壶，有双桃注，有双莲房注，有牧童卧牛者，有方者，有笔格内贮水用者，有定窑枝叶缠扰瓜壶，有蒂叶茄壶，有驼壶，可格笔，有蟾注，有青冬磁天鸡壶，底有一窍者，有宣窑五采桃注、石榴注、双瓜注。彩色类有双鸳注、鹅注，工

明 龙泉窑青釉菱形纹三足洗

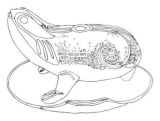

北宋 青釉三足水注

百滴图

73

致精极，俱可入格。"

▶ 文震亨《长物志》

文震亨，字启美，江苏苏州人。生于官宦书香门第。曾祖文征明，明四家之首，祖父文彭，官国子监博士，父文元发，官至卫辉同知，兄文震孟，以状元授修撰，官至礼部尚书、东阁大学士(宰相)。文震亨于明天启元年(1621)以诸生卒业于南京国子监，以琴、书之名达禁中，授武英阁中书舍人。明亡后，清兵攻陷苏州时，避地阳澄湖畔，剃发令下，投湖自尽，获救，绝食六日，呕血亡。

文震亨对古代园林艺术颇有研究。明人顾苓《塔影园集》载："所居香草垞，水木清华，房栊窈窕，阛阓中称名胜地。曾于西郊构碧浪园，南都置水嬉堂，皆位置清洁，人在画图。"其人既萌祖荫，且享家学，著述颇丰，讲求生活品质，玩物不丧志，不亏大节，是晚明一位真正的玩家。玩家也有血脉，像当代的王世襄先生。文震亨《长物志》；王世襄《锦灰堆》！

《长物志》被誉为对晚明文人生活百科全书式概览，古代造物艺术理论代表作。全书分十二卷，卷七"器具"有水中丞、水注条，节引如下：

水中丞

"铜性猛，贮水久则有毒，易脆笔，故必以陶者为佳。古铜入土岁久与窑器同，惟宣铜则断不可用。玉者有元口瓮，腹大仅如拳，古人不知何用，今以盛水最佳。古铜者有小尊罍，小甑之属，俱可用。陶者有官哥瓮肚小口钵、盂诸式。近有陆子冈所制兽面锦地，与古尊罍同者，虽佳器然不入品。"

水注

"古铜玉，俱有辟邪、蟾蜍、天鸡、天鹿、半身鸬鹚构、鋄金雁壶诸式，滴子一合者为佳。有铜铸眠牛，以牧童骑牛作注管者最俗。大抵铸为人形即非雅器。又有犀牛、天禄、龟、龙、天马口衔小盂者，皆古人注油点灯，非水滴也。陶者有官、哥、白、定、方圆立瓜、卧瓜、双桃、莲房、蒂叶茄壶诸式。宣窑有五采桃注、石榴、双瓜、双鸳诸式，俱不如铜者为雅。"

北宋 景德镇影青瓷人物雕塑水滴

百滴图

74